AF218155

HOLOGRAMA

EOLAS

ediciones

HOLOGRAMA

Adrián García Raga

A mi familia,
verdadera luz.

I

«Sea la luz; y fue la luz.»

Génesis 1:3-5

Un mundo nuevo bajo el uso de una soga para partirse el alma
donde los cántaros de hierro aflojan la moneda
con la que se vende el pan diario
y oímos la batalla que canta el aire con su boca cementada.

Los pájaros heredan esta tierra llena de margaritas secas,
es asesinato cometer el acto suicida de la vida
y despierta el barro sobre nuestras cabezas rojizas.

Esta salvación de vientos que retuerce la lluvia
sobre la escalera incendiaria en la que cuelga el álamo de cuarzo,
las ansias de un poder nefrítico que adormece la lana
que balancea la noche.

Las sábanas de polvo condenan a todos bajo el tímpano helado
cuchichean con la idea de la muerte y se quedan con hambre,
este silencio en el que nos entregamos a barrer las estrellas.

Aprendemos a escuchar las piedras,
saltar las nubes tras la búsqueda de sus alas,
bajo el yugo impuesto por la intención más noble.

Un mundo nuevo bajo una madre cociendo especies
        en un caldo lírico
con pisos llenos de gente maldita
que a dentelladas niegan esta noche
y niños que caen como copos nevados en el bolsillo del tiempo.

Este juego abstracto en el que juegan los perdedores
y busca el grillo su voz en una partida de cartas,
donde al atardecer beben las cucarachas.

Y sigo encontrando los azulejos sangrando por la alianza nueva
y sigo ciego para ver el mediterráneo levantar
        de los cuerpos el granizo
y pienso que se cerró la noche y los encontró a oscuras
y piso entonces en falso sobre cubiletes metálicos
y callo por un salario
y un sabor a astillas denuncia la herida en el pecho
con el celofán quemado que se consume en los relojes,
y sí sé que es siniestro pensar: la luz hace sus paréntesis
me disloco el hombre de la dicha y juego
        a ahorcarme con esta soga.

II

La ciudad es un sol oculto
con grietas que circundan el caos estacionario de los truenos.
Su ubre dorada,
con sus pétreas esfinges dejan yermos los huertos invernales.
Su nieve sucia,
como el polvo en el vacío nos abraza en su viaje hacia el cadáver.

Vemos a los cuatro ojos de la luna cercenar el trigo
en su batalla contra el mediodía.

Somos dientes metálicos, peces disecados, leones enfermos.

La mañana nos responde con la moneda
que cubre nuestros ojos,
los muertos se levantan a cosechar el pan,
dignos descendientes de mi estirpe condenada.

Vemos el amanecer cuando el sol se muestra
como el olvido caminando a nuestro lado.

Somos el capitalista con su sueldo de hijo enfermo,
somos las cuerdas frágiles en la punta de los dedos
de un dios.

III

En el imaginario de un rinoceronte blanco,
la luna templa el estrabismo de las mariposas,
los pájaros dormidos habitan el viento,
la madre sostiene un bosque cristalizado en su vientre,
el tiempo ríe con su mirada indivisible,
las cebras de cabezas metálicas juegan al ajedrez,
los abedules reclaman su trono de papeles robados.

IIII

Viajo en un tren que me lleva hasta la muerte,
como la muerte de los pinceles secos,
de los pájaros con dientes de cocodrilo,
de los paisajes plastificados,
de las gárgolas y sus lenguas,
de los banderilleros de asta rota,
del desfile militar de gaviotas blancas
y de los tres cánceres del mundo.

IIIII

Una hilera de ojos nos abre el camino hacia la vejez tardía
   de las mariposas

Este paso incendiario en el diamante
que contradice al rubor infantil junto al que miramos
   al ojo de Dios.

La casa desahuciada nos abre sus fauces al cántico nuevo.

Somos muñecos de nieve derritiéndose
   en los pasos de cebra,
anunciando la tierra prometida ante cada espejo.

Nos apuntamos con nuestras pistolas ignífugas
como bastardos que iluminan sus frágiles manos.

Recorremos los rincones que nos negaron Adán y Eva
en su intento fallido de dominar el mundo.

Casas inventadas para el hombre calcáreo
que se esconde en la ceniza de sus propios párpados
que acumula toda la noche que cabe en sus pulmones.

La alambrada cosida a la piel de mi llanto
que habita la costumbre de desollar vivas las ideas,
ese silencio donde la mente muere.

La codicia abre su cartera para comprar nuestras sombras
y es la mentira la que se yergue como la respuesta
en sus patas de ciempiés.

HHH I

La ciudad abriéndome en canal ante sus figuras retorcidas,
su mundo culto asfixiado por gárgolas hambrientas,
nuestro propio infierno domesticando al sol,
sosteniendo a los hijos breves entre sus geometrías viscerales.

Cuando Dios inicia su viaje,
nos deja olvidados como pequeños insectos sin alas
    retorciéndonos en el tiempo.

El sol cava su tumba para dejar paso a una luna
    que nos arroja sus lamentos
y deforma las estrellas que habitan en nuestra conciencia.

Ahora caminamos amparados por la imagen de este dios,
    holograma de otro mayor,
y así pervertimos la tierra con nuestros deseos más nocturnos.

Esperamos al hijo prodigo moldeado por el barro
de sus tinieblas.

Habitamos este mundo hostil donde los ciervos nos cuestionan
y de sus cuernos levantamos este ciudad oxidada
convertida en flor.

Hacemos de la cruz derramada nuestra casa
y levantamos un diluvio para situar la cima.

Somos los ángeles disecando esta verdad blanda
y sabemos que al final hay un mar helado de personas conocidas
y en la victoria una brisa sobre la mirada cálida que protegemos.

HHH II

Veo las alas negras del paisaje arrancar la lluvia con sus pigmentos.

Veo al herbívoro famélico despedazar la mañana con sus colmillos.

Me columpio en la calma que brota de esta tormenta
en el espectro que sabe el nombre anochecido:
equinoccio del tiempo, lado oscuro de las golondrinas.

Veo la caída de alas que presenta mi mundo
con sus simios modernos.

Veo el agua olvidada de la luna secarse en los pozos.

Escondo los dientes en la oscuridad del abrigo,
mientras veo a los niños perderse entre minas pétalo.
Siguen ahí los monstruos del armario,
pero podemos vestirlos con su tiempo cadavérico.

Me olvido de nombrarlos donde envejecen las amapolas
y camino hacia la tierra infesta.

Estallará el sol como una bombilla
y contendremos los cristales.

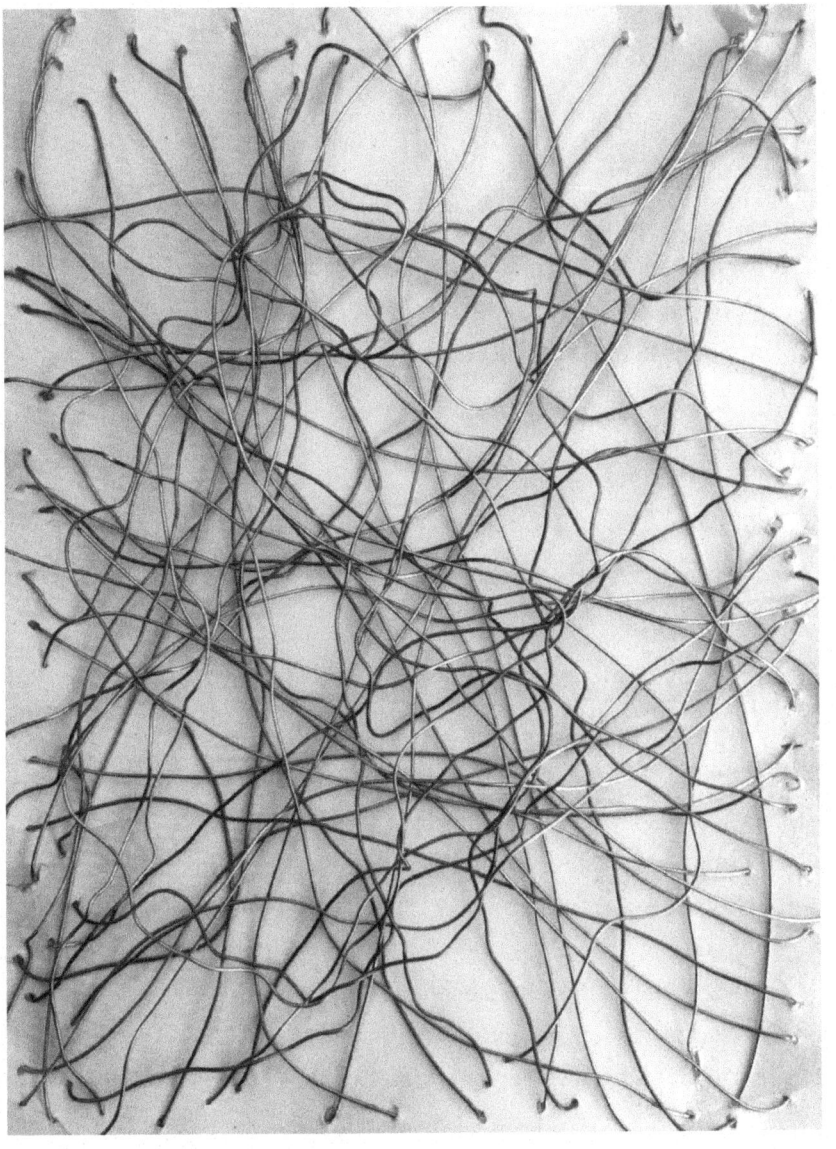

卌 III

«Tierra que mana leche y miel»
Éxodo 3:17

Mi mañana se presenta con su mirada ambigua,
su enorme martillo golpeando a los hijos níveos
mientras el cielo descubre sus cabellos ante la lluvia ácida.

Como peces marginales
afloran de las alcantarillas nuestros niños que juegan
con tanques
y pasean sus recuerdos como si no fueran nadie.

Esta es mi guerra imaginaria consumida ante el fuego,
    sus cabezas marchitas y sus sueños derruidos.

Hay un espacio muerto entre los cimientos,
ocupado por estas risas que proyectan la ciudad holograma
    sobre sus ruinas.

Madre, no puedes anochecer ante las sombras
ni retorcer tu lengua ante el incendio
ni olvidar las calles del laberinto.

Se desdibujan los límites,
tu estación salvaje dura todo el año y su tiempo
    respira propileno
mientras me mira como si fuese a fundar una ciudad
    en el propio abismo.
La luz negra desciende sobre mí
y cubre esta religión sin rostro
en mi seno de pájaro lapidario.

卌 IIII

La decadencia se erige sobre nuestra espalda,
con su desierto en la boca pero sin las leyes
escritas sobre la piedra.

Vagamos como peces sin branquias buscando
      donde echar raíces
llorando esta sensación vacía.

Sobrevivimos al lento diluvio,
para diagnosticar esta ira que nos amenaza
con los cascabeles de la serpiente.

Nos levantamos entre las figuras molidas
para recorrer los rincones oscuros de nuestro odio,
alzamos la mortal copa entre los dedos
para apuntalar al prójimo como quien señala al carnero
que se va a sacrificar.

IIII IIIII

> «Porque eres un pueblo de cabeza dura
> y yo te aniquilaría por el camino»
>
> **Éxodo 33:5**

Invisibles costas anuncian este invierno roto.

Es mi tiempo sobre el vértice de nuestro mundo,
donde las luciérnagas consumen petróleo
para hacer arder la luz.

Cojo esa luz y llamo la atención de un dios oscuro
para así moldear su noche
donde caben nuestros cuerpos ahogados.

Hay muchas vidas, pero no están a flote.
Olvidamos los racimos de flores negras
que decorarán tu tumba.

꘏꘏꘏ ꘏꘏꘏ ꘏

«No os hagáis dioses de metal fundido»

Levítico 19:4

Veo estos reflejos nacarados sobre la vida,
la luna fija su punto de mira en mi cabeza.

Bajo este cielo los seres opacos flotan como pan caliente
en el océano con sus sueños masacrados por los cráteres.

Veo la enfermedad levantándose sobre su arquitectura.

Veo a este dios maldito sostener nuestro mundo intangible
y guardar la paloma en el pecho de mi muerte.

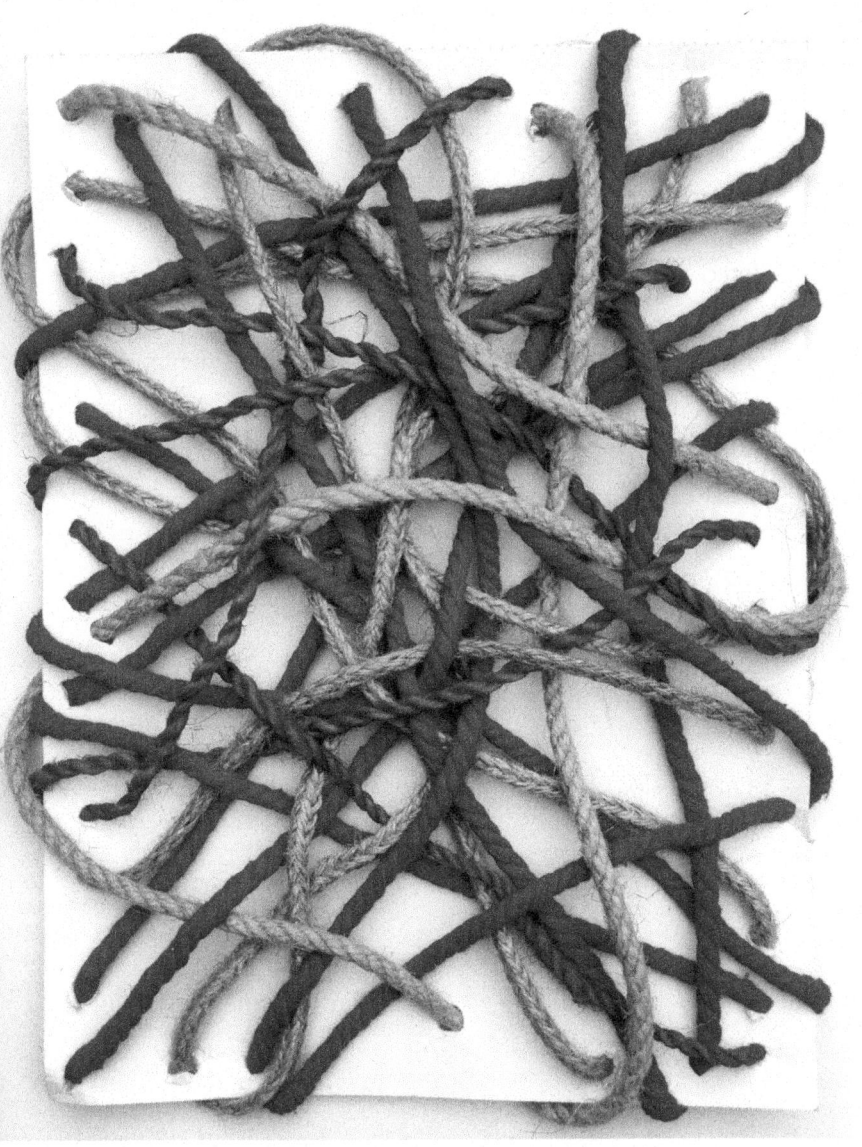

|||| |||| ||

Siento a estos ojos buscar la tierra sobre el fuego que no arde.

Siento tu mundo barroco lleno de hormigas desahuciadas.

Siento el viaje de tus pájaros mudos hacia la tormenta.

Siento la perversión de tus granjas alimentando nuestra pereza.

Siento la metástasis de estos árboles cubrir la luz.

Siento a los traficantes regresar a los campos esquilmados.

Siento a las estrellas ahorcarse con los hilos musicales.

Siento a estos ojos trepanar el hueso de la memoria.

IIII IIII III

«Pasados por el fuego en honor de Moloc»

Deuteronomio 18:10

Se nos presenta el desierto con su boca de ángel,
sus pies despojados, y su propio código Morse.

Hay un espacio mordido entre mi dios
y el punto de combustión.

Olvidamos quién proyecta los derechos sobre la pobreza,
quien contrae la concavidad de nuestra mente
para provocar la escasez.

Sentimos el incendio desértico en nuestro ombligo
ante la mirada de algún ser superior que nos precede.

Hay dos mundos superpuestos,
uno ciego y otro invisible.

卌 卌 IIII

Se levanta el día sobre nuestros huesos
con la imagen ilusoria de un dios
y ave en el lenguaje.

Escucho los gritos que no cesan,
el rumor de la batalla pero sin la mancha,
sólo esta lenta caída de la piel.

Ocurre, que si superpones una imagen tras otra
y así sucesivamente,
se forma una mancha que no nos distingue de nadie.

卌 卌 IIIII

La ciudad es un filo,
en sus calles crecen piedras y diamantes,

Levantamos una muralla sobre los restos arqueológicos
    de un dios muerto.

Habitamos este corazón,
luz para iluminar nuestro ojos ahorcados entre el centeno.

Corren mamuts por la nieve de los estandartes
a erigir un dolmen sobre tu estómago.

||||| ||||| ||||| |

«La tierra vomitará sus habitantes»
Levítico 18:25

Un sol invicto sobre la arcilla roja de mi sangre
ilumina la incertidumbre en el camino recto.

Su imagen proyecta un salón de té
en la mirada de un tejedor,
donde mis horas muertas golpean esta tierra inhóspita,
y flota el abismo sobre las cuerdas.

Veo un no lugar
donde tu noche claudica ante un mismo dios
con distintas caras,
donde mi tiempo tiene mil patas,
donde la vida es una estación en mitad de la nada,
donde nuestro tacto es una percepción mortuoria
y lloro al pensar en las manos
que en este instante recogen frutos.

HHH HHH HHH II

Atravieso las fronteras con un níveo cuchillo
para ver al otro lado
a tus ángeles con sus máscaras tribales deslumbrar la noche
y descubro el cartón piedra
sobre el que se extinguen las cosas.

Sopeso mi universo en su gravedad mínima sobre la nada
veo como la cabeza de nuestro mundo rueda bocabajo
y se lleva las cenizas de otro mundo y siguen rodando.

Comparo los objetos en la escala de Munch
para retener este grito,
veo en el trasluz la condena de los caminantes
y escucho las historias de mi dios abandonado.

Domestico al ojo para ver los pasos de todo hambriento,
escucho en la escarcha la gravitación de los seres complejos
y sé que todo está suspendido al caos
que antecede a nuestra fractura.

卌 卌 卌 III

Mi dios es un cuadro abstracto de amapolas blancas,
con volcanes de asfixia en la gravedad nocturna,
con el aire rojo para el fuego erizado,
con su piel raída de almendra amarga,
con migajas de pan para su tierra eterna,
con sus demonios sosteniendo un narciso negro.

Se han secado los pigmentos de tanta guerra absurda,
tu dios y el mío hace tiempo que revisan pasajes bíblicos.

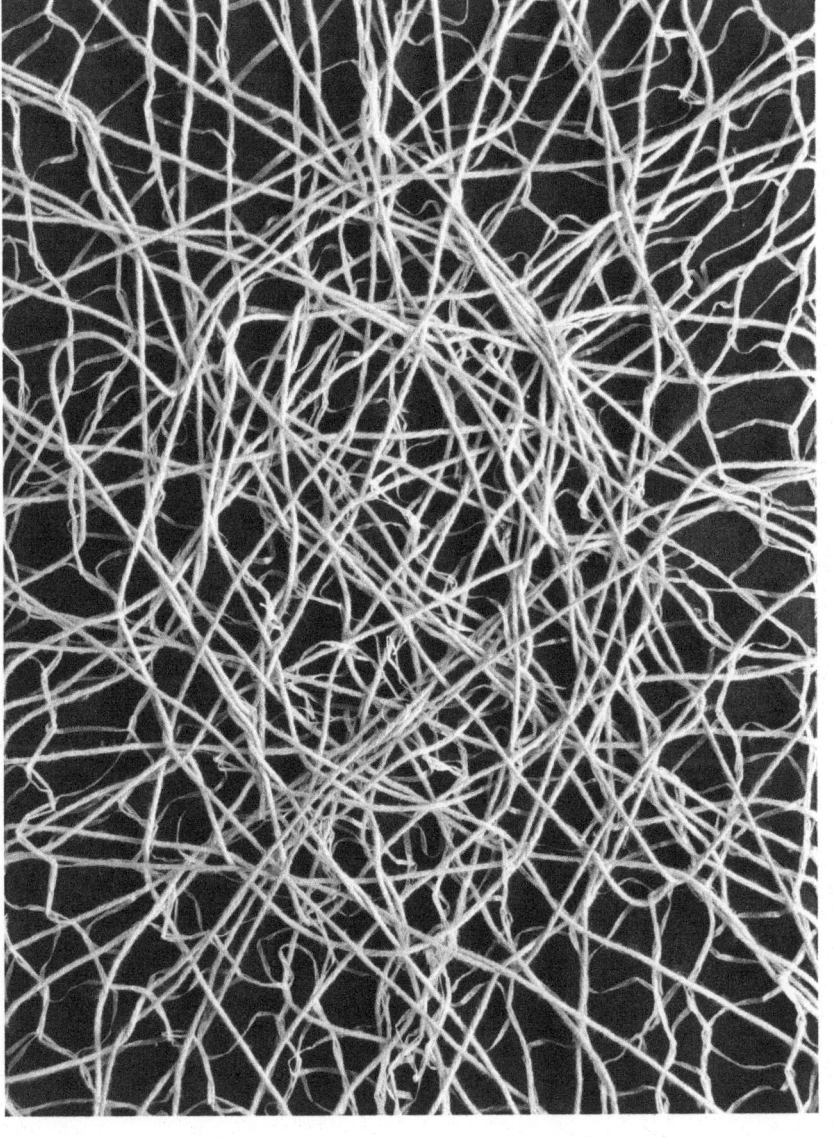

卌 卌 卌 IIII

El hombre es el símbolo de nuestra derrota,
enviste la palabra abierta formando un sumidero

Los días se acumulan en mi nuca,
una fuerza hostil viene a golpearnos
como un cuerpo entre los escombros.

Las formas caminan en una línea marcada por barras verticales,
un código no escrito hacia la muerte.

Nos arrancamos pedazos de piel
para remendar nuestros pecados.

Olvido las orejas que esconde la noche
cuando todo está quebrado
y el mundo gira como una peonza sobre mi dolor.

Veo sombras nocturnas abrirse paso entre las grietas de la calle,
siempre son los mismos,
los mordidos, los que se funden rápido.

Adoptan formas retorcidas, formas del frío
y reconoces que tal vez todo sea labor
de un dios remoto y difuso
que proyecta la palabra *odio*.

Dios hizo al hombre a su imagen y semejanza
pero, ¿quizás es al revés?.

Quizás es esto un juego de espejos,
un laberinto en el que la luz emprende la huida.
Una forma de acariciar el vacío en el que encontrarnos
cuando una lente y otra se tocan y sólo queda la sombra.
Veo un silencio levantado entre todos
que nos permite seguir caminando entre rezos.

Soy una pobre víctima de la esclavitud de mi tiempo,
la sombra proyectada por las alas del ángel
escondido en cada rosa.

HHHT HHHT HHHT IIIII

Están tus calles manchadas de lilas ante la victoria.

Corren caballos blancos a apagar el fuego que nos habita,
mientras el pájaro mortífero planea sobre nuestras cabezas.

Baja la luz a interrogar a mi oscuridad en esta noche sin amor
y se abre esta Tierra como caimán hambriento.

El fósforo ilumina las parcelas divididas de nuestro terror.

Corren las fieras a comerse nuestras ovejas
y se levantan los clavicordios en el lenguaje de los ángeles

Descubrimos en los vertederos del paraíso,
cristales rotos ante el dolor abstracto.

Esta ceguera reciente brilla ante la inutilidad de tu lucha.

Levantamos un becerro de oro para adorarle noche y día.

HHH HHH HHH HHH I

En el año del cianuro.
Una gran bestia vuelve en forma de dios antiguo,
me exige un sacrificio para cada idea equívoca.

Guardo un pájaro incendiario en mi arquitectura craneal
por si la noche se derrama sobre el cuerpo ungido.

Derrito el corazón de la luna sin blanca,
para convertirlo en oro con el que comprar el lenguaje.

Respiro el oxígeno directamente
de las manos de tus ángeles.
por si una fina capa de amianto se filtra en mis pulmones,
y espero a que llueva.

卌 卌 卌 卌 II

«Y vi una mujer sentada
sobre una bestia escarlata»
Apocalipsis 17:3

Busco a dios en los límites del silencio
para encontrar a un señor blanco con toda mi rabia.

Veo entre la demencia el polvo,
los pájaros azules desgranan el trigo,
las razas atraviesan la ambigüedad del color.

Veo entre el dogma del pecado
un trono para aquel que se crea digno de llamarse dios.

卌 卌 卌 卌 III

Aquí donde nuestra muerte es un paso entumecido,
los cuervos esconden un sol fragmentado en esta noche,
donde habitan los demonios, la memoria del yeso
y sólo nos queda consumir el crack de las paredes.

Se nos impone firmar el frío ante la vida,
los ángeles a nuestra medida cavan tumbas para los suicidas

La porcelana del cielo se quiebra
mientras recorremos el mundo para buscar
un trozo de verdad
con el que aplacar nuestra ambición.

Se tambalean esta pobreza y lo barroco,
Nos descalzamos ante el abismo en busca de nuestro propio
corazón abandonado.

卌 卌 卌 卌 IIII

> «Guardo las llaves
> de la muerte y el abismo»
> **Apocalipsis 20:1**

En la quebradura del nervio, desligas esta noche,
caen tus pájaros sobre sus holocaustos,
hay un fuego absoluto en la mentira:
¡devolvednos la luz a los ojos!

Lloremos la miel negra de esta Tierra,
enterremos la nada bajo los cipreses,
hay un silencio en el que corren los ratones,
cadáveres ennegrecidos tras la guerra.

Banderas rasgadas por el hambre y sus patrias,
arranquemos los rostros a la muerte,
rompamos el hueso hasta llegar al enjambre,
hay una herida en este mundo.

Una herida, es una ausencia.

Ya vienen los ángeles

Que el mundo arda
mientras descifras su lenguaje.

© de los textos: Adrián García Raga
© de la edición: EOLAS EDICIONES

Diagramación: contactovisual.es
Fotografía de portada: chernetskiy / depositphotos.com
ISBN: 978-84-10057-38-8
Deposito legal: LE 151-2024
Impreso en España - Printed in Spain